BEI GRIN MACHT SICH IHR WISSEN BEZAHLT

AF166939

- Wir veröffentlichen Ihre Hausarbeit, Bachelor- und Masterarbeit

- Ihr eigenes eBook und Buch - weltweit in allen wichtigen Shops

- Verdienen Sie an jedem Verkauf

Jetzt bei www.GRIN.com hochladen und kostenlos publizieren

Versiegeln von Fugen (Unterweisung Fliesenleger/in)

Daniel Steffen

Bibliografische Information der Deutschen Nationalbibliothek:

Die Deutsche Nationalbibliothek verzeichnet diese Publikation in der Deutschen Nationalbibliografie; detaillierte bibliografische Daten sind im Internet über http://dnb.d-nb.de abrufbar.

ISBN: 9783346398697
Dieses Buch ist auch als E-Book erhältlich.

© GRIN Publishing GmbH
Nymphenburger Straße 86
80636 München

Druck und Bindung: Books on Demand GmbH, Norderstedt Germany
Gedruckt auf säurefreiem Papier aus verantwortungsvollen Quellen

Das vorliegende Werk wurde sorgfältig erarbeitet. Dennoch übernehmen Autoren und Verlag für die Richtigkeit von Angaben, Hinweisen, Links und Ratschlägen sowie eventuelle Druckfehler keine Haftung.

Das Buch bei GRIN: https://www.grin.com/document/1000057

Entwurf für die Unterweisung
Fliesenleger / in

Versiegeln von
Duschkabinen

Schwerpunkt:
Fliesen Handwerk

1. Persönliche Angaben

1.1 PERSÖNLICHE ANGABEN DES AUSZUBILDENDEN

Name: _____Klaus

Vorname:_____M.

Alter: _____18

Schulbildung:_____Realschule

Ausbildungsberuf:_____Fliesenleger

Ausbildungsjahr:_____1. Lehrjahr

1.2 SOZIOLOGISCHE SITUATION DES AUSZUBILDENDEN:

Klaus M. ist 18 Jahre befindet sich im 1. Ausbildungsjahr. Er erwarb vor einigen Monaten sein Schulabschluss. Er ist wohnhaft bei seinen Eltern in der Innenstadt von Bremen. Seine Mutter ist in einem großen Handwerksunternehmen tätig und sein Vater ist Mechaniker. Klaus ist immer freundlich und sehr zuvorkommend anderen Mitarbeitern und Kunden gegenüber

Der Auszubildende hat eine gute Auffassungsgabe und bemüht sich, die Tätigkeiten gewissenhaft auszuführen und versucht kleinere Arbeiten eigenständig durchzuführen.

In den praktischen Übungen hat sich gezeigt, dass der Auszubildende durch Vormachen und Erklären die einzelnen Zusammenhänge besser versteht und erkennt, um sie anschließend in der Praxis umsetzen zu können.

Aus diesem Grund habe ich die **Vier-Stufen-Methode gewählt**, um einen größtmöglichen Lernerfolg bei ihm zu erzielen.

Der Auszubildende wurde bereits zum Thema im Betrieb unterwiesen und besitzt dadurch theoretische und auch einige Praktische Vorkenntnisse.

1.3 ENTWICKLUNGSSTUFE DES AUSZUBILDENDEN

Der Auszubildende Ist sehr aufgeschlossen gegenüber anderen Auszubildenden und dem Ausbilder. Er ist groß und hat eine normale Statur. Nach außen wirkt der Auszubildende immer etwas gelassen und ist eher ruhig.

1.4 AUSBILDUNGSSITUATION DES AUSZUBILDENDEN:

Der Auszubildende führt die ihm gestellten Aufgaben zuverlässig und mit sehr viel Konzentration sauber und motiviert aus.

Der Auszubildende hat bereits Vorkenntnisse aus früheren Übungen sowie der Berufsschule. Er kann die Verschiedenen Werte entsprechend beurteilen und einordnen.

1.5 BEDEUTUNG FÜR DEN BERUF

Die Bedeutung für den Beruf ist eine sehr wichtige. In dem Rahmenlehrplan sind folgende Punkte aufgeführt.

Der Auszubildende muss mit seinen Handwerkszeug entsprechend umgehen können. Des Weiteren muss er dieses sicher beherrschen.

Der betriebliche Ausbildungsplan ist nach den sachlichen und zeitlichen Vorgaben des Ausbildungsrahmenplan erstellt wurden.

Damit dem Auszubildenden die Nervosität genommen wird und es sehr praxisnah ist, findet die Unterweisung in der Werkstatt statt. Mittwochmorgen gegen 09:00Uhr erfolgt die Unterweisung. Es ist medizinisch erwiesen zu diesem Zeitpunkt die Leistungsfähigkeit am höchsten ist.

Für diese Unterweisung habe ich mich für die **Vier-Stufen-Methode** entschieden da diese Methode sich in fast jedem Fall praxisnah anwenden lässt und die logische denkfolge des Menschen berücksichtigt.

Andere Methoden wie die Leittextmethode können den Auszubildenden überfordern Des Weiteren ist die Sechs-Stufen-Methode sehr zeitintensiv und kann daher nicht im Rahmen von Kundenarbeit etc. angewendet werden.

Für eine Unterweisung gibt es laut Handwerker Fibel vier Methoden:

- Drei-Stufen-Methode

- **Vier-Stufen-Methode**

- Sech-Stufen-Methode

- Leittextmethode

2.3.4 FASSLICHKEIT:

Es muss für die Auszubildenden die Anforderungen so gewählt werden, dass er sich nicht Über oder Unterfordert fühlt. Dieses kann schnell zu Misserfolgen und Langweile führen. Bei der Durchführung wird Übung erst langsam vorgeführt damit der Auszubildende diese genau beobachten kann und ggf. fragen stellen kann.

2.3.5 ERFOLGSSICHERUNG DER UNTERWEISUNG:

Durch ständiges Wiederholen der Übung wird dieses gefestigt, damit der Auszubildende in der Lage ist dieses Verfahren in praktischen Situationen anzuwenden.

2.3.6 SICHERUNG DES LERNERFOLGES

Damit der Lernerfolg getestet werden kann, wird dieser über einen kurzen Test abgefragt und der Lernstoff noch einmal gefestigt.

2.3.7 PRINZIP DER ANSCHAULICHKEIT

Es ist sehr wichtig die Anschaulichkeit von zu vermittelndem Wissen durchzuführen. Somit werden möglichst viele Sinne erreicht. Beim Lernen gibt es viele verschiedene Lerntypen, wie z.B. Personen die am besten durch Kommunikation lernen.

Lernkanal	Behaltens Quote
Hören	20%
Sehen und lesen	30%
Sehen und Lesen und Hören	50%
Sprechen	70%
Selbst tun	90%

2.3.8 MOTIVATION DES AUSZUBILDENDEN

Den Auszubildenden wird erklärt, warum er die folgende Tätigkeit durchführt. Im wird vermittelt wie er mit den entsprechenden Hilfsmittel umzugehen hat und warum das erlernen so wichtig ist.

2.4 EINSATZ VON AUSBILDUNGSMEDIEN UND UNTERWEISUNGSMEDIEN

2.4.1 ARBEITSMATERIALIEN UND ARBEITSWERKZEUGE

Folgende Arbeitsmaterialien und Arbeitswerkzeuge werden benötigt:

- Silikon
- Silikonspritze
- Fugenabzieher
- Tücher
- Messer
- Wasser mit Spülmittel
-
- Klebeband zum fixieren
- PSA
- Metaplan

2.4.2 EINGESETZTE UNTERWEISUNGSMEDIEN

- Modell
- Beamer
- Papier
- Merkblatt
- Stifte
- PC
- Zeichnung/Fotos
- Fehlerbildkatalog (Falscher Umgang)

2.4.3 ARBEITSSICHERHEIT

Der Auszubildende wir auf die Gefahren die im Betrieb an seinen Arbeitsplatz auftreten können hingewiesen. Diese Unterweisung kann mündlich sowie schriftlich durchgeführt werden und muss bei jeder neuen Arbeitsplatz wiederholt werden. In der Unterweisung müssen folgende Punkte angesprochen werden:

→ Wie wird die PSA (Persönliche Schutz Ausrüstung) angewendet

→ Ordnung und Sauberkeit

→ Achtsam sein mit scharfen Gegenständen

→ Ordnung und Sauberkeit

→ Achtsam sein mit scharfen Gegenständen

3. Praktische Durchführung der Unterweisung nach der Vier-Stufen-Methode

Zu Beginn der Unterweisung begrüßt der Prüfer nonverbal (Sprache) sowie Verbal (Berührung) den Auszubildenden freundlich. Nachdem der Kontakt zwischen Ausbilder sowie Auszubildenden hergestellt ist, teilt der Ausbilder dem Auszubildenden ein Praxisbeispiel mit.

Der Ausbilder fragt den Auszubildenden nach möglichen Ursachen, die vorliegen können. Der Ausbilder erklärt dem Auszubildenden im Vorfeld wichtige Grundlagen des Unfallschutzes und der Arbeitssicherheit, die während der Arbeit auftreten können. Bevor die Unterweisung beginnt, werden alle benötigten Utensilien ordentlich, übersichtlich und fachgerecht aufgebaut.

Nachdem alles geschehen ist, fragt der Ausbilder nach bereits vorhandenem Wissen in diesem Bereich. Um Anschluss wird der Arbeitsplatz entsprechend vorbereitet.

3.2 STUFE 2: VORMACHEN UND ERKLÄREN DURCH DEN AUSBILDER

Der Ausbilder führt dem Auszubildenden einzelne Arbeitsschritte langsam vor.

Vorgangstabelle:

Nr.	Was	Wie	Warum	Wer	Lernbereich
1	Begrüßung	Um angenehme Lernatmosphäre zu schaffen	Ängste zu nehmen	Ausbilder	-
2	Nennung der Aufgabe / Lernziel	Freundliches Gespräch	Interesse vom Azubi wecken	Ausbilder	
3	Fragen nach Vorkenntnissen	Freundliches Gespräch	Damit Vorkenntnisse berücksichtigt werden können	Ausbilder	
4	Beurteilung von Beispielbilder	Bilder von falschen Arbeitsschritten begutachten	Urteilsvermögen vom Azubi prüfen	Azubi	Kognitiv
5	Arbeitsplatz vorbereiten und Arbeitsmittel bereitstellen	Die gesamte umgäbe vorbereiten	Damit der Auszubildende ein klares Ziel vor Augen hat	Ausbilder	
6	Vorzeigen und Erklären der Arbeitsmittel	Alle Arbeitsmittel die benötigt werden aufzeigen	Bewusstsein für die Arbeitsmittel zu schaffen	Ausbilder	Affektiv
7	Vorkenntnisse ansprechen	Zum Thema ggf. Wiederholungsfragen stellen	Damit der aktuelle Wissensstand festgestellt wird	Ausbilder	Affektiv
8	Überblick dem Auszubildenden geben	Teilschritte aufzählen	Damit das Verständnis erleichtert wird	Ausbilder	Affektiv
9	Arbeitsmaterial bereit legen	Mit der Hand auf einen entsprechenden Arbeitstisch	Um sich einen Überblick zu verschaffen	Azubi	
10	PSA anziehen	Helm, Schutzbrille, Sicherheitsschuhe, gehörschutz, etc. anziehen	Um Verletzungen vorzubeugen	Azubi	
11	Reinigung der Fugen	Mit entsprechenden Reiniger der fettfrei macht die Fugen reinigen	Damit das Silikon Optimalen halt hat	Azubi	
12	Alle Rückstände entfernen	Mit einen trockenen Tuch alle Rückstände entfernen	Damit keine Rückstände in die Naht eindringen kann	Azubi	
13	Die entsprechende Silikon Kartusche wählen	Die Silikon Farbe mit der entsprechenden Fugenfarbe vergleichen	Damit keine fugenunterschiede entstehen	Azubi	

14	Die Kartusche in die Silikonspritze legen	Die Silikonspritze entsprechend öffnen und mit der Hand die Kartusche einlegen	Damit diese zielgerichtete angewendet werden kann	Azubi	
15	Naht legen	Mit der Silikonspritze langsam das Silikon herausdrücken.	Damit die Naht an die entsprechende Stelle gelegt werden kann	Azubi	
16	Naht mit Spühlwasser befeuchten	Mit einer Sprühdose das Wasser auftragen	Damit die Naht nicht verklumpt	Azubi	
17	Naht abziehen	Mit den Fugenabzieher entsprechend das Material abziehen	Damit eine glatte Naht entsteht	Azubi	
18	Fliesen reinigen	Mit den Tüchern entsprechend beschmutzte Fliesen reinigen	Damit die masse nicht abtrocknet	Azubi	
19	Werkzeug reinigen	Mit entsprechenden Reinigungsmittel das Werkzeug reinigen		Azubi	

3.3 STUFE 3: NACHMACHEN UND ERKLÄREN LASSEN:

Der Auszubildende führt die Übung selbstständig durch und erklärt dem Ausbilder die entsprechenden Arbeitsschritte. Der Ausbilder beobachtet hierbei die Tätigkeit des Auszubildenden und steht bei Problemen und Fragen helfend zur Seite. Dem Auszubildenden sollte in dieser Stufe genügend Zeit eingeräumt werden, so dass er das gerade eben erlernte auch wieder gedanklich hervorrufen kann. Der Ausbilder sollte auch dem Auszubildenden die Gelegenheit geben eventuelle Fehler selber zu erkennen und zu berichtigen.

Bei einem Eingreifen in die Übungsphase, ob aus Sicherheitsgründen oder nicht erkannten Fehlerursachen des Auszubildenden, muss darauf geachtet werden den Auszubildenden nicht zu verunsichern.

3.4 STUFE 4: ÜBEN UND FESTIGEN DES GELERNTEN

Dem Auszubildenden wird in dieser Stufe Zeit gegeben, die einzeln durchgeführten Arbeitsschritte nochmals zu üben und zu festigen. Der Ausbilder befindet sich in der Nähe. Sollten Fragen oder Probleme auftreten steht er hilfreich zur Seite.

ERFOLGSKONTROLLEN

Bevor ich den Auszubildende zum eigenständigen Üben, von der Unterweisung entlasse, frühe ich eine Erfolgskontrolle durch. Diese ist sehr wichtig um festzustellen zu können, ob der Auszubildende auch wirklich alles richtig verstanden hat. Vor allem erfrage ich nach den UVV (Schutzhandschuhe und Schutzbrille) so kann ich erkennen ob er ihre Notwendigkeit verstanden hat.

ABSCHLUSSPHASE

In der Abschlussphase erfolgt ein Ausblick auf die nächste Unterweisung, um weitere Motivation für zukünftige Ausbildungsunterweisungen zu schaffen und Entwicklungsmöglichkeiten aufzuzeigen. Schließlich bedankt sich der Ausbilder für die die Mitarbeit, verabschiedet sich freundlich und beendet die Unterweisung.

3.5 MERKBLATT

Damit der Auszubildende die gelernte Übung besser nachvollziehen kann, kann man ein Merkblatt mit einigen Positionen erstellen.

Diese sollten einige Arbeitsschritte widerspiegeln (ähnlich wie eine Checkliste) an der der Auszubildende die Übung wiederholen kann.

Für diese Unterweisung sollten folgende Punkte rausgenommen werden:

☒ Arbeitsmaterial bereitlegen

☒ Fuge säubern

☒ Silikonspritze vorbereiten

☒ Naht legen

☒ Naht mit Wasser befeuchten

☒ Naht abziehen

☒ Werkzeug reinigen

Dieses Merkblatt kann der Auszubildende in seine Unterlagen für die Schule heften oder in das Berichtsheft sodass er immer die Übung nachschlagen kann.